TODAY'S CHART
AUDITION SONGS

HAL LEONARD EUROPE

Distributed by Music Sales Limited

BABY

WORDS & MUSIC BY CHRISTOPHER A. STEWART, TERIUS NASH,
CHRISTOPHER BRIDGES, JUSTIN BIEBER & CHRISTINE FLORES

eyes. My first love broke my heart for the first___ time. And I was like,

"Ba - by, ba - by, ba - by, oh,___ like ba - by, ba - by, ba-

- by, no,___ like ba - by, ba - by, ba - by, oh,

thought you'd al - ways be___ mine,___ mine.___ Ba - by, ba - by, ba-

D.S. al Coda

los - in' you. I'll buy you an - y - thing,__ I'll buy you an - y ring.__ And I'm in

piec - es;_____ ba - by, fix me. And you shake me till you wake me from this

bad dream._____ I'm go - ing down,_____ down, down, down, and I just

can't be - lieve____ my first love____ won't be a - round. And I'm like,

6

FIREFLIES

WORDS & MUSIC BY ADAM YOUNG

1. You would not be-lieve your eyes if ten mil-lion fire-flies
2. 'Cause I'd get a thou-sand hugs from ten thou-sand light-ning bugs

lit up the world as I fell a - sleep.___
as they tried to teach___ me how to dance;___

'Cause they'd___ fill the o - pen air
a fox___trot a-bove my head,

and leave___ tear-drops ev - 'ry - where. You'd think___ me rude___ but I___ would just stand and
a sock___ hop be - neath my bed,___ a dis - co ball___ that's just___ hang - ing by a

1.

A♭   E♭/G   B♭sus4

stare.
thread.

I'd like to make___ my-self be - lieve___ that pla - net earth___

A♭   E♭   Gm   A♭   E♭

___ turns slow - ly. It's hard to say___ that I'd rath - er stay a -

11

ev-'ry-thing is nev-er as__ it seems__ when I fall a - sleep.

Leave my door o-pen just__ a crack (Please take_ me a - way from

here.)'cause I feel like such an in-som - ni - ac.____ (Please take_ me a-way from

here.) Why do I tire_____ of count - ing sheep (Please take_ me a - way from

13

here.) when I'm far too ti-red to fall a-sleep?

To ten__ mil-lion fire-flies I'm weird__ 'cause I hate good-byes.

I got mist-y eyes__ as they said fare-well.__

But I'll know where sev-'ral are__ if my__ dreams get real bi-zarre,__ 'cause I__

14

saved a few___ and I___ keep them in a jar.___

I'd like to make___ my-self be-lieve___ that pla-net earth___ turns

slow - ly. It's hard to say___ that I'd rath-er stay a - wake when I'm___ a - sleep. 'Cause

ev-'ry - thing is nev-er as___ it seems___ when I fall a -

- sleep. I'd like to make___ my-self be-lieve___ that pla-net Earth___

___ turns slow - ly. It's hard to say___ that I'd rath-er stay a -

- wake when I'm___ a - sleep. Be - cause my dreams are burst-ing at___ the seams.___

FOR THE FIRST TIME

WORDS & MUSIC BY DANIEL O'DONOGHUE & MARK SHEEHAN

She's all laid up in bed with a bro-ken___ heart, while I'm drink-ing Jack all a-lone in my lo-cal bar.___ And we don't know_ how,___ how we got in-to this mad si-tu-a-tion, on-ly do-in' things out of frus-tra-tion.

now got the feel - ing that we're meet - ing for the first___ time.___

Ooh.___

Ooh.___

Ooh.___

Ooh.___ Ooh.___

Ooh.___

Just now got the feel - ing that we're meet - ing for the first_ time. Oh, these times are hard.___

___ Yeah, they're mak - ing us cra - zy. Don't give up on me ba - by._____

JUST THE WAY YOU ARE

WORDS & MUSIC BY ARI LEVINE, BRUNO MARS, PHILIP LAWRENCE,
PETER HERNANDEZ, KHARI CAIN & KHALIL WALTON

But ev-'ry time___ she asks___ me "Do___ I look___ o - kay?"___ I say:___

When I see your face,___

there's not a thing___ that I___ would change___ 'cause you're a - maz-

- ing___ just___ the way___ you are.___

And when you smile,___ the whole world stops_

Dm⁷

__ and stares_ for a while.__ 'Cause girl you're a - maz - ing__ just_

F/B♭

F

__ the way_ you are.__ Yeah._____

Her lips, her lips__ I could kiss them all_ day if_ she'd let me.

don't e - ven both - er ask - ing if___ you look___ o - kay,___ you know I'll

say:_____ When I see your face,___

there's not a thing___ that I___ would change___ 'cause you're a - maz -

- ing___ just___ the way___ you are.___

And when you smile,___ the whole world stops___ ___ and stares___ for a while.___ 'Cause girl, you're a-maz - ing___ just___ the way___ you are.___ The way___ you are,___ the way___ you are,_____

girl, you're a-maz - ing____ just____ the way____ you are.____

When I see your face,____

there's not a thing____ that I____ would change____

'cause you're a-maz - ing____ just____

RULE THE WORLD

WORDS & MUSIC BY MARK OWEN, GARY BARLOW,
JASON ORANGE & HOWARD DONALD

SAFE

WORDS & MUSIC BY JOHN SHANKS & JAMES GRUNDLER

43

SEX ON FIRE

WORDS & MUSIC BY CALEB FOLLOWILL, NATHAN FOLLOWILL,
JARED FOLLOWILL & MATTHEW FOLLOWILL

1. Lay where you're lay -

44

- ing,   don't make a   sound._____

(2.) - ley,   the break - ing of   day._____

(3.) - ver,   rat - tl - ing   bones._____

I know they're watch - ing,   they're watch -

The head while I'm driv - ing,   I'm driv -

I can just taste_____ it,   taste___

- ing.   All the com - mo - tion,

- ing.   Soft lips are o - pen,

___ it.   If it's not for - ev - er,

the kid - die like play,_____
the knuck-les are pale,_____
if it's just to - night,_____

it has peo - ple talk -
feels like you're dy -
oh, it's still the great -

C#m

- ing,   they're talk - ing.
- ing,   you're dy - ing.
- est,   the great - est,   the great - est.

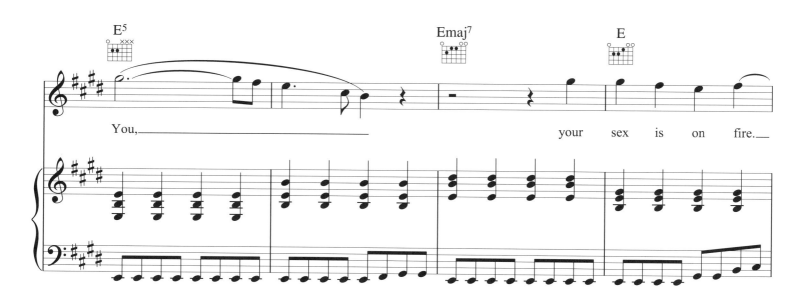

E5   Emaj7   E

You,_____   your sex is on fire._

48

STAY THE NIGHT

WORDS & MUSIC BY JAMES BLUNT, STEVE ROBSON,
RYAN TEDDER & BOB MARLEY

52

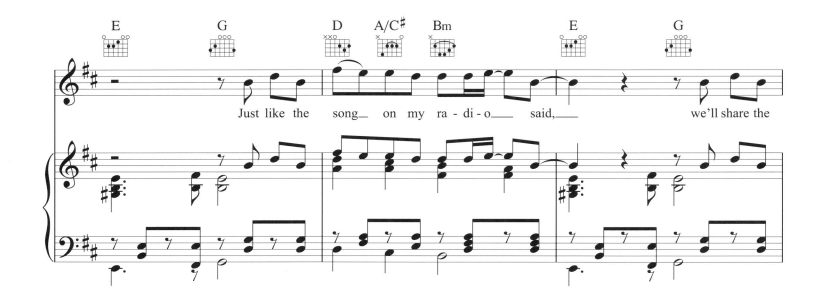

Just like the song__ on my ra - di - o__ said,__ we'll share the

shel - ter of my sin - gle__ bed. But it's__ a

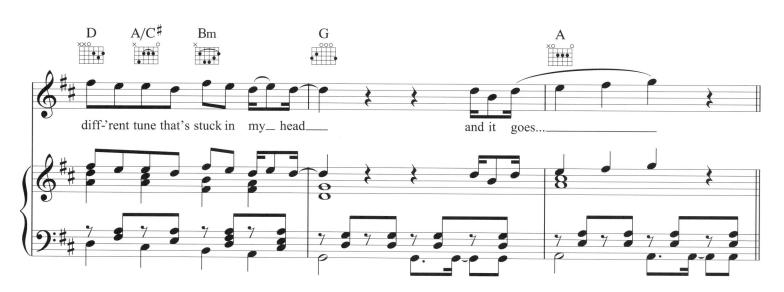

diff-'rent tune that's stuck in my_ head__ and it goes...__

CD TRACK LISTING

BABY
JUSTIN BIEBER
CD TRACK 1
(STEWART/NASH/BRIDGES/BIEBER/FLORES) UNIVERSAL/MCA MUSIC LIMITED/
WARNER/CHAPPELL NORTH AMERICA LIMITED/EMI MUSIC PUBLISHING LIMITED.

FIREFLIES
OWL CITY
CD TRACK 2
(YOUNG) UNIVERSAL/MCA MUSIC LIMITED.

FOR THE FIRST TIME
THE SCRIPT
CD TRACK 3
(O'DONOGHUE/SHEEHAN) IMAGEM MUSIC.

JUST THE WAY YOU ARE
BRUNO MARS
CD TRACK 4
(LEVINE/MARS/LAWRENCE/HERNANDEZ/CAIN/WALTON) BUG MUSIC (WINDSWEPT ACCOUNT)/
BUG MUSIC LTD./UNIVERSAL/MCA MUSIC LIMITED/EMI MUSIC PUBLISHING LIMITED/
WARNER/CHAPPELL MUSIC NORTH AMERICA LIMITED.

RULE THE WORLD
TAKE THAT
CD TRACK 5
(OWEN/BARLOW/ORANGE/DONALD) EMI MUSIC PUBLISHING LIMITED/
SONY/ATV MUSIC PUBLISHING (UK) LIMITED/UNIVERSAL MUSIC PUBLISHING MGB LIMITED.

SAFE
WESTLIFE
CD TRACK 6
(SHANKS/GRUNDLER) SONY/ATV MUSIC PUBLISHING (UK) LIMITED/COPYRIGHT CONTROL.

SEX ON FIRE
KINGS OF LEON
CD TRACK 7
(FOLLOWILL/FOLLOWILL/FOLLOWILL/FOLLOWILL) WARNER/CHAPPELL MUSIC NORTH AMERICA LIMIT'
BUG MUSIC (WINDSWEPT ACCOUNT)/BUG MUSIC LTD.

STAY THE NIGHT
JAMES BLUNT
CD TRACK 8
(BLUNT/ROBSON/TEDDER/MARLEY) BLUE MOUNTAIN MUSIC LTD/EMI MUSIC PUBLISHING LTD./
STAGE THREE MUSIC PUBLISHING LIMITED/KOBALT MUSIC PUBLISHING LIMITED.

Published by
Hal Leonard Europe
A Music Sales / Hal Leonard Joint Venture Company
14-15 Berners Street, Lond   V1T 3LJ, UK.

Exclusive Distributors:
MUSIC SALES LIMITED
Distribution Centre, Newmar   id,
Bury St Edmunds, Suffolk I‍ 3‍   UK.

Order No. HLE90004453
ISBN 978-1-78038-544-0
This book © Copyright 20‍ ‍   ard Europe

Music edited by Jenni Nor‍
Printed in the EU

New backing tracks by Paul
CD mixed and mastered by J